『暮しの手帖』花森安治と
『平凡』岩堀喜之助

昭和を駆けぬけた二人の出版人

新井恵美子

『暮しの手帖』花森安治と『平凡』岩堀喜之助●目次

装丁　新田純

『暮しの手帖』花森安治と『平凡』岩堀喜之助

昭和を駆けぬけた二人の出版人

焼け跡からの出発

それは暑い日だったそうだ。

新橋駅前の大きな闇市の雑踏の中だった。

向こうから花森安治と大橋鎭子が歩いてきた。私の父、岩堀喜之助は反対方向から歩いてきた。

「オッ、花ちゃん」

「やあ、岩さん」

「元気だったか」

「うん、会いたかったよ」

と二人は大声で叫んだ。二人にとって、戦争が終わってから初めての出会いであった。

二人はそれぞれ『暮しの手帖』『平凡』という、新しい雑誌を発刊した後だった。

この偶然の出会いに興奮して、大きな声で話し始めた。

二人のあまりの大声に、まわりにいた者が振り返るようであったという。

大橋鎮子はそんな二人をよしずの中に連れて行き、粗末な竹製の椅子に座らせた。とにかく猛烈に暑い日だった。

二人は大橋の言うままに日陰に座り、大橋が買ってきたかき氷をぺろりと平らげた。

大橋は二人の男に二杯目をさし出した。

二人はこれもきれいに平らげた。

「会いたかったんだよ」

「うん、オレもだ」

「とにかくあの馬鹿らしい戦争を生き延びられてよかったな」

二人は何回も同じ事を言った。

その時、二人は、

「日本があんな事になったのは、日本人が暮らしというものを大事にしなかったからだ」

と花森が言えば、

岩堀は、

「いやちがう。日本人が娯楽を軽く見たからだよ」と言う。

そこで花森安治は『暮しの手帖』を発刊し、岩堀喜之助は『平凡』を世に問うた。

焼け跡から立ち上がった二人の男は、雑誌を作ることで世間に自分の声を届けようとしたのだ。

戦争の記憶は二人から離れることはなかった。

大橋鎮子はそんな二人をまぶしいものと見た。戦後の日々は薄汚れて、何一つ美しいものはない。

目の前の闇市をさまよっているのは、汚い国民服をよれよれのまま着て、目ばかり光らせて、

「何か良い話はないか」

と、うろつく男や女たちだった。

大橋には、目の前の男二人はそんな風景の中で、ひときわ輝いて見えたという。

私はまだ戦争中の昭和二十年四月三日の、わが家におけるこの二人の姿を思い出した。

太平洋戦争はいよいよ最後をむかえ、にっちもさっちもいかなくなっていた。

東京は連日の空襲で、人の住める場所ではなくなっていた。

私の家族は東京に住んでいたが、春から小学校に入学する長女の私を抱え、父は学童疎開で子供が引き離される事を嫌って、一家で父の郷里である小田原に疎開することにした。

東京育ちの母は、田舎に行くことをずいぶん嫌がっていたが、この非常時には逆らうことも出来ず、一家で田舎に移り住んでいた。

一家が移って間もなくの日曜日だった。

ひとりの来客があった。

母は物資の極端に少ない時なのに、無理をして、客のために昼食の準備をしていた。

当時、子供たちはいつもおナカをすかせていたものだが、よだれを垂らさんばかりにそのご馳走を見つめている私に、母は、

「お客さんがすんだらネ」

と何べんも言った。

やがてわが家にやってきたそのお客さんは、父と顔を寄せていつまでもひそひそ話をしている。

「大丈夫だよ。ここは田舎だ。誰一人、この戦争がどうなるかなんか考えてないよ」

とは言っても、日本中が疑心暗鬼《ぎしんあんき》になって、戦争を批判したり、反対する者は密告によっても罰せられる。

二人はやっぱりひそひそ話になった。

「どうなるんだろうネ、これから」

父が大きな声で言った。

なかなかお客さんとの話は終らなかった。

ようやく二人は立ち上がった。

父は駅までその人を送っていった。

二人が出て行った後ようやく私たちの番が来る、と胸をときめかせているときだった。
下駄をならして父が戻ってきた。
「火事だ。火事だ」
と叫んでいる。
空襲警報は解除されたあとだった。
だからお客さんも駅に向かったのだ。
火元はわが家に近く、春一番の風に乗って、あっという間にわが家にも火がまわった。
それからは大変な騒ぎであった。
一つでも多くの家財道具を持ち出すために、私たち子供まで駆り出された。
もう昼食どころではなかった。

火は戦火ではなく、台所からの出火だったが、村の大半を燃やす大火となった。

私たちは空腹をかかえて寺に逃げ込む。

ごった返す避難民とともにここに住んだ。

あの日のお客さんが、職場の同僚の花森安治であったことを、後に聞かされた。

ついにその日、私は昼食を食べそこなった。花森さんのせいだ、としばらく恨んでいた。

あの日、二人は何を語っていたのだろうか、といま私はあの時に思いを馳せる。


花森と父はその頃、大政翼賛会に席を置いていた。

父が翼賛会にいたと話すと、

「じゃあ、悪い人だったのね」

と言われた事がある。

大政翼賛会とは国民総動員法を受けて、昭和十五年、近衛文麿とその側近達によって組織された。

確かに国民を戦争遂行に導こうという意図で作られた組織だった。岩堀は中国山東省済南で戦撫班にいたのだが、上官と喧嘩をして帰国させられていた。

そんな危険分子《きけんぶんし》の父が何故、大政翼賛会のような所に入れたのか分からない。

その時、花森は、

「欲しがりません、勝つまでは」や、

「贅沢《ぜいたく》は敵だ！」

というような人の心にひびく標語を生み出した。

それもいきなり翼賛会が作ってしまうのではなく、国民に対して一般公募という形を取り、子供を作者にするという手を使った。それらの言葉は人の心を打つものだった。

これらを生み出した花森が、そのため戦犯扱いされる負のイメージを背負わされる事になる。

大政翼賛会宣伝部には花森や私の父の他、戦争の嵐を避けて作家やジャーナリストたちが逃げ込んでいた。みんな戦後に活躍する人たちである。

その頃の花森を岩堀はこう言っている。

花森は職人に徹していた。思想などというものは持ち合わせていなかったけれど、目の前に与えられた仕事の遂行については、人並み以上に勤勉で全力を集中しなければ気のすまぬ男だった。

岩堀や後に岩堀と共に『平凡』を生み出した清水達夫などはふまじめで、仕事は意にそわなくても、翼賛会は席を置いて給料をもらう方便と考えていたのだ。

「花森は大したものだ。見上げたものだ」

と、岩堀は花森に一目も二目も置いていた。

そして、きまじめな花森の上にも、ふまじめな岩堀の上にも戦争の嵐は吹き荒れ、八月十五日を迎えた。

戦争が終わってみると、一転、「大政翼賛会は悪い所」と言われるようになったのだ。

それに対して岩堀も花森も一言の弁解もしなかった。

「仕方がなかったんだ」

と言い訳もしなかった。

二人は、まず雑誌を作る事で、戦争で苦労した人たちを幸せにしようと考えた。

「戦争は終わったんだ。軍人や大臣がいばっていた時代は終わった。これからは我々が幸せになる番だよ」

そう言って二人は走り始めた。

大橋鎭子と清水達夫

二人にはそれぞれ最高の相棒がいた。

花森の相棒、大橋鎭子は年下ながら優秀な相棒だった。

『暮しの手帖』は絵の上手な花森が、あたたかい、しみじみとした表紙を書いた。

これまでの『主婦の友』や『主婦と生活』に物足りなさを感じていた女達が『暮しの手帖』にとびついた。

出版は順調にスタートしたが、戦後の紙不足やＧＨＱの検閲など苦難の連続だった。

「三号で潰れる雑誌が多いと言われているが、そうならないように頑張ろう」

花森は大橋に言った。

実際、戦後、それこそ雨後の筍《たけのこ》のように生まれた雑誌が、バタバタと潰れて行った。

大橋は二人の妹や母親も社員にして、『暮しの手帖』は新しい女の生き方を提示《ていじ》して見せた。

大橋の家族は大黒柱の父を失った後、女学生の鎮子が父親の代わりになって一家を支えた。

「とと姉ちゃん」になった。

どんな貧しい時も日々の暮らしを大切にする、母の生き方が家族の心の支えだった。

女学校を卒業して鎮子は、日本興業銀行に就職した。一日も早く家計を安定させたかった。

興銀の調査課で新聞の切り抜きや、調査月報の編集を任されたことが、鎮子の編集の仕事への第一歩となった。

この興銀には三年勤めた所で退職して、鎮子は日本女子大学に進学する。銀行の仕事もそれなりに楽しいものだったが、やはり向上心を抑える事が出来なかったのだ。

大学生活は貧しいながら至極楽しかったが、鎮子の前に思わぬ伏兵が現れた。

父と同じ肺結核の症状が出たのだ。やむなく鎮子は日本女子大学を中退する。

そしてようやく体調が戻ると、日本読書新聞に勤める事になった。鎮子が本当にやりたい事にはまだたどり着いていない。

この日本読書新聞の田所太郎編集長の紹介で運命の人、花森安治に出会った。

「母や妹たちを幸せにするために雑誌を作りたい」

と鎮子は胸の内を語った。

聞いている花森は何も言わない。

数日後、花森は、

「君の親孝行を手伝おう」

と言ってくれた。

そして、二十五歳の鎮子に「結婚についてはどう考えているか」とたずねたそうだ。

その時、

「仕事をしたいので結婚はしません」

きっぱりと鎮子は言った。

こうして『暮しの手帖』の歴史は幕を開け、まず衣装研究所がスタートした。

妹二名と母親も巻き込んでの船出であった。

「女の人に役立つ雑誌、暮しが少しでも楽しく豊かになる雑誌」とその理想を掲げた花森と鎮子の言葉に、鎮子の家族は大賛成をして編集部員となってくれたのだ。

『スタイルブック』がまず発刊された。その頃日本は貧乏の真っ最中で、衣食住すべてに事欠いていた。

中でも衣は女達にとって何よりも深刻な問題だった。戦時中のもんぺ姿は嫌だった。

一方、ＧＨＱの妻たちの洋服は美しい。

まぶしく彼女たちを見つめる敗戦国の女たち。そんな女性達に花森と鎭子は提案した。

「タンスの中で眠っている着物を、モダンな洋服に生まれ変わらせる工夫」などがそれだった。

昭和二十三年、『スタイルブック』は『暮しの手帖』となって再スタートを切った。

誌名はいうまでもなく花森がつけた。

創刊号が『美しい暮しの手帖』となったのは、取次会社で『暮しの手帖』と言ったところ、「暗すぎる」と言われ、やむを得ず「美しい」という文字を添えたのだった。

執筆者も、佐多稲子、小堀杏奴、扇谷正造、田宮虎彦など、当時第一級の人たちを起用したが、この人選も花森一人で決めた。

表紙の絵から始まって、文章はもちろん、レイアウトやコピーなど、すべて花森の手になり、文字通り「花森のワンマン雑誌」といってもよいほどだった。


一方、昭和二十三年には『平凡』も岐路に立たされていた。

終戦直後、岩堀は軍隊から小田原の実家に帰ると、荷を家においたまま飛び出して行った。

親戚中を駆け回り、五万円という金を作った。

借金である。

家族を仮住まいの寺に残したまま、その金を持って「これは」と思う人に「ザッシヲイッショニヤラナイカ」と電報を打った。

こうして集った五人の同志が仲間だった。

その中にあの大政翼賛会の清水達夫がいた。この男が岩堀の生涯の相棒となった。

『平凡』は最初三万部を世に問うた。

終戦直後の物資不足の日々、雑誌なんて買う人がいるだろうか、と周りの者は思ったが、人々は衣食住にも飢えていたが、活字にも飢えていたのだ。

三万部は完売した。

気を良くしていた岩堀たちが、しっぺ返しを受けるときが来た。

世の中が落ち着いてくると、戦地から優秀な出版人たちがぞくぞく帰って来る。

『中央公論』『文藝春秋』が復刊されると、素人集団の岩堀たちはひとたまりもない。

とたん売れなくなった。どうしたものかと思いあぐねて、みんなで町へ出た。

その日の銀座は、人でいっぱいだった。雑踏のなか、コーヒー一杯飲むことさえも出来ない。

日比谷公園まで歩いて水の出ていない噴水のまわりに座った。

岩堀は、そこで社員に言った。

「もうダメだ。やっていけない。いまなら一人二円ずつを渡すことが出来る。それでやり直して欲しい」

すると社員達は泣き出した。

「こんなに良い会社なのに。こんなにいい仲間なのに」

と口々に言う。

泣いている仲間のうしろで、こんな女に誰がした——と当時ヒットした『星の流れに』が流れていた。

そのうち秋の日はすっかり暮れてしまって、相手の顔さえも見えない程になった。

その時だった。

「平凡を生まれ変わらせよう。娯楽雑誌としてやり直してみよう」

と言い出した者がいた。

「皆娯楽に飢えている。徹底的に歌と映画の娯楽雑誌としてやり直そう」

と言うことになった。

翌月から版も大きくなり、表紙に女優の顔をアップで載せる。

中もこれまでの総合雑誌からガラリと変わった。

芸能記事や映画のストーリーなどを満載し、「読む雑誌から見る雑誌」に生まれ変わった。

岩堀と花森が闇市で出会ったのはその頃のことだ。

岩堀が、

「人間は働くだけでなく、遊ばないとダメだ」

と確信を持ったのもその頃だった。

花森の『スタイルブック』は、この頃に『暮しの手帖』に生まれ変わっていた。

二人は「なんであんなバカな戦争に国民は巻き込まれてしまったのか」という反省から、戦後の一歩を進めていたのである。

神戸のごんた

明治四十四年（一九一一）に神戸で生まれた花森安治は、ごんた（いたずらっこ）である上に気むずかしい子供だった。

ごんたの父親は何回も学校へ詫びに行かされ、そのたびに始末書を書かされた。

この始末書が五枚になると、感化院に入れられるのだそうだ。花森は危ないところで助かった。

明治初年、祖父が丹波からやって来て、貿易商として財をなした花森の家は豊かだった。

ところが父親は二代目のぼんぼんだった。

新しいもの好きの浪費家だった。

競馬や相場にも手を出し、他人の借金の連帯保証人になったり、隣家の火事から自宅を焼失するなど不幸が重なった。

花森家の財産は瞬く間になくなって行く。

小学校の先生だった母親がしっかり者で、和裁の賃仕事などをして家計を助けるのだった。

ぼんぼんの父親は全く自覚がなく、母親の内職で貯めたお金を持ち出しては、賭け事に使ってしまう。

儲かっている間は家によりつかない父親だったが、たまにもどると宝塚や映画に子供たちを連れて行ってくれた。

そういう面では子供たちにとっては、いい父親だったのかも知れない。花森が八歳の時に見た映画はまだカツドウと呼ばれていて、外国産で無声映画だった。

のちにも花森は映画のシーンなどを声色《こわいろ》で語り、それが実に見事であったという。

冬の寒さまで伝わるような物まねだった、と見た者は言う。父親の無駄遣いが花森の特技を生んだということだろうか。

ごんたはこうして大きくなり、三年生から雲中小学校に転校する。ここでのちに作家として大成する田宮虎彦と出会う。

虎彦などという勇ましい名前なのに神経質な、この少年に花森は興味を持った。

田宮は抜群に作文がうまかったそうだ。

中学進学では花森と田宮は別の学校を選ぶ。

この田宮とはのちに東京大学の新聞部で一緒になり、それ以来二人は終生の友となる。

花森の痛恨事は松江高校一年の時、無理がたたって母親が死去してしまったことだ。

「あんた、将来、何になりたいんだい」

と母に聞かれたことがあった。

「新聞記者か編集者になるんや」

と花森が言うと、母は、

「ふうん」

と言っただけだった。

花森は母に聞かれたことから自分の意志を固めて行った。というより、初めて自分の将来について思いを致すのだった。

母の命の灯がいよいよ消えようとする時、母は父に言った。

「裁縫の蓄えが少しはあります。なんとかこの子を大学に入れてやって下さい」

母は同じせりふを何回も何回も繰り返して死んでいった。そんな母が哀れでならなかった。

女性を幸せにしなければならない。

遊び人の夫に苦労させられ、夜も寝ずに和裁の仕事をして、十九歳の長男の将来を見届けることも出来ずに、死んで行かなければならなかった可哀想な母を、花森は生涯思い続け、女性の幸せのために暮らしの雑誌を送り続けた。

ふるさとである神戸は、母の思い出と重なり、花森にとって特別の町となった。

「わが思索、わが風土」というエッセイに、そんな記憶を気恥ずかしそうに記している。

昭和八年（一九三三）、花森は東京帝国大学（現在の東京大学）美学美術史学科に入学する。

さらに、ここで帝国大学新聞社に入社するのだが、クラブ活動というような生やさしいものではなかった。

ちゃんと入社試験があり、採用されると取材、編集はもちろんのこと、広告取りから新聞の販売までやらされ、給料（一年生は十円）まで支給された。

六万部も売るほどの新聞だった。

花森はこの新聞社で、小学校で一緒だった田宮虎彦に再会する。

ほかにも岡倉古志郎（天心の孫）が入社試験に合格していて、共に新聞作りに精を出した。

一級上には扇谷正造がいた。この頃の花森を見ていた友人の泉毅一はこう言っている。

花森は新聞の編集を楽しんでいるように見えたし、私と同じ学生なのに随分大人だった。

花森の新聞作りの特質は全てが具体的で、すぐに役に立つことが出来たと泉は言う。

そんな花森は、自分たち一年生をトロッコと呼んだ。その意味は記者（汽車）のタマゴだからだそうだ。

トロッコたちは皆みごとに成長して、日本の言論界を背負って立つ男たちになる。

花森はこの大学新聞時代から、安井曽太郎や中村研一ら画家にエッセイを依頼に行った。

題して「絵の具で描いた文章」。

著名な画家たちの絵と文章でそのページは成り立っていた。

画家の佐野繁次郎が驚いたのは、花森が作ったというこの題字のデザインだった。

その佐野は伊東胡蝶園という会社の総務部長をしていた。

ある日、花森が、

「私を使ってもらえませんか」

と佐野の前に現れた。

花森は学生生活の最後に突然、結婚をした。ももよという絶世の美女と運命的な出会いをしていた。

ごんたの花森は、好きとなったら好きでたまらない。我慢なんて出来ないのだ。

松江の老舗の呉服屋の娘、ももよに惚れ込み、周囲の反対も押し切って学生結婚をしていた。

大政翼賛会に生きる

花森に赤紙が来たのは昭和十二年十月のことだった。郵送されて来た召集令状は一銭五厘のハガキだった。

妻のももよが、六ヶ月になっていた娘の藍生《あおい》を抱いたまま、ハガキを差し出した。

二人はしばらく何も言わなかった。

花森はハガキをみつめて、一瞬にして様々なことを思った。

「死」を考えないわけには行かなかった。死にたくはない。花森はまだ二十六歳だった。

これからという時だった。

この年、花森は大学を卒業して徴兵検査を受けて甲種合格の栄誉を受けていた。

学生結婚をしていた花森が春には藍生を得た。在学中から働いていた伊東胡蝶園にすんなり就職することが出来た。

胡蝶園ではパピリオの広告文案、広告写真などは全て花森が書いた。独特のパピリオの文字がまず女性の心をつかんだ。

パピリオという新製品を発売し、ヒットさせていた。

花森のコピーは分かりやすく、優しい文章だった。

買いだめをしないで下さい。皆のためなのです。使う人、売る人、作る人の生活のためなんです。さうすれば、みんな、うまく行くのです。品切れにもなりません。

こう書いた隣にパピリオの文字がある。

何と巧みなコピーではないか。

花森は、パピリオは、思わず買いだめしたくなるほど、素敵な化粧品なのだと言っている。

効果は抜群だった。

パピリオの名は一気に浸透して行った。花森をこの会社に誘った佐野繁次郎も花森の真価に気付いていた。

だから入隊した花森の留守宅に毎月、今までと同額の給料を届け続けたのだった。

ようやく、自分の真価が発揮できる時になっての入隊は辛い。まして可愛い盛りの娘や妻を残して行くのだ。

後ろ髪引かれる思いで花森は入隊した。入隊地は祖父の出身地の丹波篠山の歩兵七十連隊だった。

驚いたことに入隊してみると、なんと東大卒の花森が、星一つの二等兵だった。

花森は東大在学中、軍事教練に一度も出席してなかったのだ。本来であれば東大卒の者は、幹部候補生で当たり前なのだ。

それが軍事教練に出席しなかったという理由で二等兵だった。

花森の軍隊生活はひどいものであった。

過酷な演習で一日が暮れて、兵営にもどって来ると上官からの鉄拳が飛んで来る。

それが毎夜毎夜のことだった。

人間としての尊厳を失わせるために、人間を戦う道具に作り替えようと上官は革靴の底で新兵を殴るのだった。

花森はこの凄惨な私刑《リンチ》に耐えながら考えていた。

この愚かな無意味ないじめが戦争なのか。国を守るという崇高な行為なのか。

花森の送られたのは、さいはての地、満州は依蘭《イーラン》。

凍てつく川、雪煙舞う山野、まさにここには、絶望の日々があるばかりだった。

毎夜、

「貴様らの代わりは一銭五厘あればいくらでも来る。軍馬よりもお前らの命は安いのだ」

と怒鳴りながら皮のベルトで顔を叩かれる。

殴られても殴られても立ち上がって、

「ありがとうございます」

と言わなければならないのだ。

終わりのない地獄の夜であった。

そんな時、花森のたった一つの救いは、軍隊手帳に詩を書き付けることだった。

あなたが生きられるだけ
わたしも生きたい
空には空行く風
野には野わたる風

そんな言葉を書く時だけ、人間である自分を取り戻し、精神の均衡をようやく保つのだった。

ある時、花森の肉体はついに悲鳴を上げた。

肺結核の発病であった。不治の病と言われる結核に冒されながら、どこかでホッとしていた。

花森は依蘭陸軍病院に入院した。

そして、精密検査のために南満州鉄道でチャムスの町まで行った。

その後、鉄嶺《テツレイ》まではこばれて、肺浸潤の病名で本国に送り返されることになる。

傷病兵となった花森は、病院船で日本に帰されることになった。

昭和十四年、二十八歳の花森は和歌山県白浜の、傷痍軍人白浜温泉療養所に入院することになった。

皮肉なことにこの療養所でのんびりしていると、花森は日に日に健康を回復して行った。

乞われて、花森はここで英語教室などを開いたりした。少しでも人の役に立つことがうれしかった。

無為徒食では戦地に残してきた仲間に、申し訳なくてたまらないのだ。

一年半の療養生活で、「もう身体は大丈夫」と医者からオーケーをもらって花森は、ここを退院する。

昭和十五年の秋のことだ。

花森が療養所を出たのに呼応するように、大政翼賛会が立ち上げられていた。

「是非とも参加して欲しい」

と懇願された。

給料も破格だった。

それまで花森が関わっていた雑誌『新婦人』も、そのまま続けて良いとのことだった。

花森は張り切った。

翼賛会の仕事は、いわば戦争を精神面でサポートして行くものであったから、病いを得て戦地から舞い戻った花森の後ろめたさを払拭《ふっしょく》するような気がしていた。

　だから、花森は懸命に働いた。


　対米英戦の開幕はそんな矢先であった。

「ついにこの日が来た」

と国民は興奮を抑えきれないほど沸き立った。

　これまでの長引く日中戦争の閉塞感が、吹っ飛ぶような突き抜ける感激があった。

　ところが一年経つと皆の気持ちも冷めて来た。翼賛会としては何とかしなければならない。

「大東亜戦争一周年記念、国民決意の標語募集」の企画は読売新聞、東京日々新聞、朝日新聞、情報局主催で実施された。

　三十二万点が集まった。

「足らぬ足らぬは工夫が足らぬ」や、

「欲しがりません勝つまでは」

など十点の標語が選ばれた。

花森の翼賛会での活躍は、庶民の暮らしから戦争を考えたもので、宣伝にしても人の心にしみるようなものを作った。

花森のこの頃の仕事に「あの旗を射て」というものがある。

「お願いです。隊長殿、あの旗を射たせて下さい」というように、下の立場の者が戦いたいと訴える形を取るというアイデアは花森らしいもので、この時代にはヒットだった。

そうなのだ。人は上意下達では、決して心を動かさないということがよく分かった。

しかし、太平洋戦争は、無益に人命を消耗するばかりの、解決のつかない泥沼に入って行くのだった。

一本の杭

花森は、

「終戦の詔勅を家で聞いてはいけない」

と思ったそうだ。

何故ならば戦争を始めたのは男たちで、それがめちゃくちゃになって家も暮らしも崩壊してしまった。

その家で、天皇の放送を聞いてはならないと花森は考えて外に出た。すでに大政翼賛会は解散してなくなっていた。

戦争の激化は大政翼賛会を維持する余裕を失っていたのだ。終戦時の花森は戦災援護会に職を得ていた。

終戦の日、花森が向かったのは駒場の報道技術研究所であった。

放送が終わると、仲間たちは、

「終った。みんな」

と言った。この日を待っていたような、この日の来るのを恐れていたような、不思議な感慨に口もきけなかった。

花森は自分の気持ちに「了」と打った。

終ったのだ。

悪夢の時間は終了したのだ。

一息つくと、

「ああ、これで死ななくていいのだ」

あたかも死刑を宣告されていた者が突然、無罪放免されて気がぬけてしまう、そんな奇妙な気分であった。

好奇心旺盛な花森は、報研の皆と別れると皇居前広場に行って見た。そこには沢山の人が集まり、声を上げて泣いている者もいた。

天皇に対して申し訳ない、とわびている者もいた。

そんな人々を観察しながら、冷めた心で花森は、自分はこの人たちと違うと思った。

自分はさっき「了」と打ったばかりなのに、もう先を見ている。


花森が『スタイルブック』を経て『暮しの手帖』創刊号を世に問うのは、昭和二十三年(一九四八)九月二十日のことだった。花森は三十七歳になっていた。

人生の再スタートとしてはぎりぎりの年齢だった。『暮しの手帖』創刊号は定価百五十円、一万部を売り出した。

しかし取次店は七千部しか配本してくれなかった。花森や大橋鎮子たちはリュックに残りの雑誌をつめて、直接書店に行き、売ってもらうよう依頼した。

一冊も残部を作りたくないと皆で頑張った。やっと二号発売につなぐことが出来た。まるで行商のオバサンになったような気分だった。

花森はこの時、何としても二号までこの雑誌を続けなければならないわけがあった。どうしても二号まで続けたい。

そのわけというのは、若き日に図書館で読んだ平塚らいてうの一文のことだ。

原始、女性は太陽だった。今、女性は月である。他に依って生き、他の光によって輝く、病人のような青白い顔の月である。

若くして死んだ花森の母のように、これまでの女性は皆、月だった。戦争が終わったこれからは、女性は太陽でなくてはいけない。

花森はその女性をまん中に据えた暮らしを思って『暮しの手帖』を発刊した。

そして、その二号にはどうしても平塚らいてうの一文を頂きたい、と花森は思った。

その時六十二歳のらいてうは若き日、激しい恋の果てに二人の子どもを儲け、一人で育てていた。

戦争の終結のあと、昭和二十二年、新しい憲法が出来ると、らいてうは歓喜し、

いまこそ、解放された日本の女性の心の底から、大きな、大きな太陽が上がるのだ。みよ、その日が来たのだ。

と書いた。

そのらいてうが花森の求めに応じて書いた原稿は、「陰陽の調和」というものであった。

このエッセイにらいてうは「胡麻じるこ」のことを書いた。このらいてうの原稿が引き金となり、『暮しの手帖』にはずみがついた。

五号には天皇陛下の第一皇女、東久邇成子《しげこ》の「やりくりの記」が掲載される。

大橋鎭子はいつものように紹介者もまじえず、直接、手紙で原稿依頼をして訪ねて行った。

ほんの少し前であれば、現人神《あらひとがみ》である天皇のご長女に直談判などとんでもないことだが、時代は変わったのだ。

そのお姫さまにやりくりの内輪話を書けというのだ。

成子様は、

「書けません」

と断るばかりだった。

大橋はめげない。

「学習院時代に作文をお書きになったでしょう。あんな風で」

と大橋は断られても断られてもねばった。

さらに、大橋はこの家の子供たちとも仲良しになり、オウマにまでなって子供と遊んだ。

ついに姫様は原稿を下さったのだ。

花森は、

「これが取れなければ『暮しの手帖』はつぶれる」

とおどした。

大橋はこの社の社長でもあったが、経営はずっと悪く、借金のしまくりであったのだ。

背水の陣で成子様通いをしていた。

ようやく原稿を頂戴はしたものの花森はダメだという。きれいごと過ぎるというのだ。

姫様にダメ出しをしなければならない。大橋は前より気重だった。

しかし、こちらの希望を申し上げると姫様は、理解して下さって、快く書き直してくれた。

大橋の頼み方がよかったのだろう。今度は、赤裸々なお台所状況を書いて下さった。

三度の食事も配給もので、大体まかなうのだけれど、パン粉ばかりの時があったり、お芋が何日もつづいたり、時には玉蜀黍粉や高粱《コーリャン》だったりすると、どんな風にしたらよいか、なかなか頭をなやまされる。

天皇家の皇女でさえ、この苦労を耐えておられるのだ。

『暮しの手帖』の読者は、自分たちの苦労など吹き飛ぶような思いになるのだった。

花森はこの五号から車内づりの広告を出した。


特別寄稿『やりくりの記』東久邇成子天皇陛下第一皇女照宮さま

の文字は衝撃的だった。

これでこの雑誌は上げ潮に乗り、四万、五万と部数をのばし始めた。二十号で十二万部となる。

一切の広告も出さず、地道に暮らしだけをテーマとして雑誌づくりを続けての結果だ。

目次を見ると、どんなに偉い学者の名も無名の主婦の名も、皆同じ大きさの活字だった。

〝暮らし〟のない人生はあり得ない。

いくら有名な人たちでも食べて、着て、住まう。それを語らせるのだ。坂口安吾のオジヤ、小泉信三の安楽椅子、池田亀鑑の便所の話、渡辺一夫のペンキ塗りの話。

男たちが暮らしのことを話し始めた。

暮らしというものが生きて行く上で大切なものであることを『暮しの手帖』が教えてくれた。

この頃の花森は女装をして街を歩いた。

スカートをはく花森が話題となり、いろいろなメディアが取り上げ、それが雑誌の購買に拍車をかけた。

その花森がこう言っている。

『暮しの手帖』は波打ち際に立つ一本の杭だ。

いまは波がひいて、この杭は誰の目にもそれとわかる。しかしこの状態が永遠に続くと思うな。いずれ大きな波が打ち寄せて、この杭がすっぽりのみこまれてしまう日がやって来る。『暮しの手帖』という杭がどこに立っているのか、みえなくなってしまう日がきっとやって来る。でも、そうなっても、うろたえて動くんじゃない。この杭はどんなことがあっても、波打ち際にしっかり立っていなくてはならんのだ。

『暮しの手帖』のもう一つの特徴は、昭和二十九年の二十六号から始めた商品テストであった。

ソックスからマッチや鉛筆、アイロン、安全カミソリ、しょうゆ、電球、ついには冷蔵庫まで、ありとあらゆる商品を実物を使って、テストして見せる。

そしてメーカー名を堂々と発表して、結果を読者に伝える。

それゆえに『暮しの手帖』は広告を載せない雑誌だった。頑固にその姿勢を守り続けた。

これが読者に大受けし、メーカーとのトラブルもあったが、『暮しの手帖』は百万部雑誌に成長する。

中国での宣撫活動

明治四十三年（一九一〇）、岩堀喜之助は小田原市で生まれた。彼を産んだのは未婚の母だったので、子供のいない兄夫婦に赤子を預けて嫁いでしまった。

不幸な少年時代を送った彼は、生きる喜びというものに人一倍貪欲な人間になっていく。

ごく当たり前の農村の家庭で、養父母のもと成長した彼が、非凡な才能を発揮するようになる。

担任の先生の目にとまり、中学校への進学を可能にした。しかし農村の子供にはそれ以上の進学は望めない。

家出同然の形で彼は東京に出た。

昭和三年（一九二八）、明治大学に入学するが学費が続かない。運悪く日本は不景気のど真ん中だった。

「空にツェッペリン、地に失業者」というのが、不況の昭和四年の流行語だった。

そしてこの年の世界恐慌は、世界中で五千万人とも言われる失業者を生んでいた。

田舎出の学生のアルバイトなど、いまと違って、なかなか見つかるものではなかった。学費どころではなかった。その日の食さえおぼつかないのだった。

そうこうするうち、岩堀は二十歳になる。徴兵検査を受ける時が来たのだ。

身長が高く体格の良い岩堀は、甲種合格となり、盛大な見送りを受けて入隊した。

ところが村の検査では見落とされた視力の欠陥がみつかり、即日帰郷を言い渡されてしまう。

これは当時としては非常に不名誉なことだった。

「近所の人々に顔向けが出来ない」

と養父はあわてた。

実は兵役を逃れられて幸運だったのだが、当時はそうは思わない。養父は「闇に紛れて東京に出ろ」と言った。もう一度大学を続けろと養父は言うのだ。

そうすれば不名誉は払拭《ふっしょく》されると養父は考えたのだ。岩堀にとっては願ってもない話だった。しかも今度は親元からの送金もしてもらえることになった。

勇躍、彼は上京した。すでに明治大学は月謝未納のため退学処分となっていたが、日本大学に入り直した。

彼は新聞記者になりたいと考えていた。ペンで社会を動かそうとしていたのだ。

昭和八年、ついに時事新報社に入社出来た。

京浜版の担当となった岩堀は、記事をみつけるためにはりきって町に飛び出して行った。

ただ記事を書くだけでなく、彼のやり方は町のどぶ川が氾濫して住民が困っていると聞くと、市長にかけあったり市会議員を集めて座談会を開いたりしてしまう。

その上で、新聞は座談会の記事を載せる。

新聞に載った以上、どぶ川は改修しないわけには行かなくなる。

岩堀は町の人々に感謝されて、すっかり良い気分になったりしたが、それもほんのわずかな期間だった。

次第に軍部の検閲が厳しくなり、新聞も戦争遂行の道具に成り下がって行く。

その様子を岩堀はじっとみつめ、苦々しく思うのだった。

しかし、その時代の嵐に逆らうことは出来ないのだった。ただただ、自分の目で見た記事を書き続けるのだった。書いてはボツ、書いてはボツの日々だった。

戦意高揚の記事しか採用されなくなっていた。しかも言論統制の波は水面下で大きくなっていて、軍部は少数の大新聞だけを残して他は切り捨てる方針を取った。

そして時事新報社も、東京日々新聞社（現毎日新聞社）に併合されることになった。

岩堀たち末端の社員には、事情を説明されることもなく、いきなり首切りだった。

新聞は、こうして軍部の言いなりのメディアとなって行く。この後、検閲はいよいよ厳しくなり、用紙を配給しないという締め付けが言論の自由を奪って行った。

新聞記者の立場をようやく手に入れて張り切っていた岩堀は、失業してしまう。

そして、その後「宣撫班募集」の報に接し、飛びついた。

その頃、岩堀はすでに結婚していて妻子があったが、単身中国大陸に渡って行った。

片目の視力がなかったことから兵役を逃れた岩堀だったが、この時代を生きるには戦争と無縁ではいられなかった。

宣撫活動とは、占領した土地に住む現地人の気持ちをほぐすことが目的だった。

満鉄総局愛路主幹であった八木沼丈夫が昭和七年に自ら班長となって編成したものだった。

もともと中国には、唐の時代から宣撫という思想があって官職となっていた。

日中戦争によって中国の町々を占領したものの感情的にぎくしゃくしていて関東軍は手を焼いていた。

八木沼の発想に飛びついたというわけだ。

第五期宣撫班員として、三百人が試験をクリアして大陸に送られて行った。

岩堀のように、何らかの理由で兵役から外されていた若者が、宣撫班の一員なって国のために働きたいと考えていたのだった。岩堀と同期であった村上博はこう書く。

宣撫班は日本の侵略戦争の末端の手先として北支軍の思いつきで集められた日本の失業青年団である。

試験が難しかったせいか、大学出が多かったが、こういう戦争の時代ではおちこぼれ集団であった。

「それでもいい。大陸というものが見たいのだ。クーニャン（シナ娘）も見たいしね」

岩堀はそう言って大陸に渡った。当時純粋に中国を熱愛する日本青年たちがいたのだ。

岩堀もそんな青年だった。

宣撫班という制度のもとに大陸に送られた青年の数は、のべ五千人位であった。

岩堀は山東省済南に派遣され、新聞発行や紙芝居、映画、芝居、音楽会などを催して中国人との精神融和をはかろうと努めた。

そして彼がここで見たのは、おびただしい数の中国の貧しい農民の姿だった。

彼らは攻めこんで来る日本軍を防ぐために、植えたばかりの苗を犠牲にして堤を切った。

農民にとってこんなに悲しいことはない。

その攻め込む日本兵も、同じく貧しい農民たちだった。堤を切らねばならない相手の悲しみが痛いほど分かる。

戦争とは一体、誰のためのものなのか。

この頃の日本軍部が、中国人にすることはあまりにもひどかった。三年後、岩堀はついに腹を立てて宣撫班をやめてしまう。さっさと帰国してしまうのだった。

娯楽雑誌『平凡』の誕生

帰国後は大政翼賛会宣伝部に籍を置いて、生涯の仕事仲間となる清水達夫や友人の花森安治を見つけ出したのだ。

宣伝部は国民に向かってこの戦時をいかに生き抜くかを伝える任務を持っていた。

「欲しがりません。勝つまでは」

「足らぬ足らぬは工夫が足りぬ」

などという標語の募集などをしたところだ。

ここに新井静一郎や山名文夫など、戦後活躍する才能ある男たちが、戦争から避難するように、ひっそりと息をひそめて生きていた。

岩堀も戦争の終結する日を待っていた。才能ある仲間から吸収することも多かった。

終戦間際になってそんな岩堀や清水に召集令状が舞い込んだ。宣撫班での言動による懲罰応召とも言われたが、ギリギリの所で三十五、六の男たちがかき集められた。

幸いにも、日本はもはや外地に兵を運ぶ能力もなく、二ヶ月間国内の連隊にいて終戦になった。

戦後、大政翼賛会はドイツにおけるナチスに近いものと考えられ、幹部はほとんど戦犯やパージに処せられた。

のちに『暮しの手帖』を創刊する花森安治は、

「ボクは確かに戦争犯罪を犯した」

と言った。

花森は、大政翼賛会にいたこと自体を懺悔《ざんげ》し、国家権力にだまされたことを悔いた。

「今度の戦争になだれを打って突っ込んでしまったのは、一人ひとりが自分の暮らしを大切にしなかったからだ」

と花森は言い、戦争の反対側にある日々の暮らしをテーマに追求しはじめた。

それは翼賛会で働いたことへの償いの意味もあった。

そんな花森と違って岩堀はみじんも悔いてはいなかった。眠ったふりをして野火の過ぎるのを彼は待った。

だから戦後の岩堀を支配していたのは、ただ激しいエネルギーだけであった。

社会的な立場から言っても、積極的に戦争を推進することのなかった彼のような層は、比較的、楽な戦後を迎えていた。

ただ、狂わんばかりの焦りはあった。

志を戦争によって中断された行き場のない思いが溢れかえり、どうすることも出来なかったのだ。

焼け跡に立った岩堀は、国家の行き先について思いを及ぼすことはなかった。

彼が気にかかったのは大陸に残された仲間のことだった。

その次に気になるのは若者たちの幸せだった。

「軍人や政治家が威張っていた時代はもう終わった。これからは凡人たちの時代だ。我々が幸せになる番だよ」

と岩堀は大声で言った。

千葉習志野の連隊から復員すると、実家に落ち着く暇も惜しんで走り出した。

まず、大陸からもどって来る仲間たちの落ち着き先として、土地の用意をした。

川崎の溝の口の連隊の土地を借り受けて、「新しい村」計画を立てた。半月でそれを完成させ、準備は終った。

その後で、岩堀は雑誌を創刊する夢に向かって走り出した。彼ももう三十五歳になっていた。

猶予は出来ない。

これまでは育ててくれた養父には絶対服従であった。何一つ逆らったことはない。

しかしこの時ばかりは違った。自分の意志を強硬に通した。岩堀は親戚中を走り回って五万円を集めた。

養父は岩堀の迫力に押されたかたちで田圃《たんぼ》を売って、資金を作ってくれた。

田畑は農民にとって命のようなものだ。それを手放してまで養父は、岩堀の夢を手伝おうとしてくれたのだ。

養父の心にどんな変化が生じたのだろうか。生真面目な農夫の養父にとっても敗戦は大きな波だった。

それを越えた時、新しい世界が見えて来た。

「息子の夢に賭けてみよう」

と思い始めていた。

田圃が雑誌に生まれ変わる瞬間だった。

こうして雑誌『平凡』が産声《うぶごえ》を上げたのは昭和二十年十一月二十五日のことだった。

敗戦の年の秋である。

しかし、競合誌がどんそん登場してくると、『平凡』はみるみる部数が落ち、先に書いた日比谷公園の野外会議の結果、昭和二十三年の年明け早々、大判の雑誌『平凡』にころも変えとなった。

黄色い表紙の中に高峰三枝子が微笑んでいた。

第二の創刊と言われるこの号は中身も映画スチールやヒットソング集で埋まり、「読む雑誌」から「見る雑誌」へと路線を変えたのだ。そして好きな流行歌の歌詞が知りたい読者の要望は、ついに付録の「歌本」を生むまでになった。

発行部数も四万部で辛うじて生き残りを果たしたのだ。

それなのに、勢いづく岩堀たちは事もあろうに次号から、

「百万人の娯楽雑誌」

とサブタイトルをつけてしまう。

『平凡』が本当に百万部雑誌となるのは、四年後の昭和二十七年になるの

だから、いくら何でも早すぎる。

四万部の雑誌に、百万はあまりにも大ボラに過ぎると岩堀たちは気が引けたのか、四月号から「歌と映画の娯楽雑誌」というサブタイトルが採用された。

『平凡』という文芸雑誌風の雑誌名に、ようやくイメージを与えることになった。

変身しても四万部程度に低迷していた『平凡』は、徐々に部数を増やしていった。

そしてようやく安定した経営が始まり、少しずつ読者の反応の確かさも実感できるようになった。

救世主現る

少しずつながら着実に部数を伸ばす『平凡』に、思わぬ救世主が現れたのはそんな矢先だった。

作家小糸のぶの出現だった。

小糸のぶは静岡女子師範学校出身の、小学校の先生だったが、戦争中、国が募集した小説部門で「母子草」が一位に入賞して、作家デビューしたのだった。

のちに「世界のクロサワ」と言われる映画監督になる黒澤明は、この時二位であった。

「母子草」は、戦後映画化されたりして華やかであったが、なぜか菊池寛、吉屋信子、小島政二郎らに比べると、小糸のぶは一段低く扱われる作家だった。

当時、『平凡』の競合誌であった『ロマンス』は、高額の原稿料を支払って超一流の作家を並べていたが、小糸のぶや土岐雄三らの名前は小さな活字で書かれた。

『ロマンス』で軽く扱われる小糸も『平凡』に来れば大作家である。

小糸のぶは昭和二十二年に、『平凡』に読切小説を書いたことから、岩堀と縁が出来た。

それは『平凡』が大判化する直前の事だった。

原稿を届けに来た小糸を送って出て、岩堀は築地川にかかる橋の上で立ち話をした。

その後、すぐに岩堀は、小糸の住まいを訪ねた。

肩にリンゴの箱を担いで来た岩堀は、小糸の家に着くと、どすんとそれ

を落とすや、

「食って下さい」

と言う。

そして、

「昼時なので弁当を使わせてくだささい」

と勝手に上がり込んだ。

小糸も残り物を出してきて、昼飯にすることにした。

小糸の昼食をのぞいて岩堀は、

「先生、ずいぶんまずそうなものを食ってるんだね」

と言って、自分の弁当箱の中から焼き魚を取り出して、半分を小糸の皿に乗せて、

「食って下さいよ。小田原の海で捕れたばかりの魚だからうまいんだ」

と大得意だった。

岩堀の弁当もやっと芋やおじやから解放されていた。

岩堀は魚の話から、故郷や子供の頃の話を小糸に聞かせた。まるで母親に訴える子供のような話し振りだった。少なからず小糸の気持ちは動かされた。

この時の小糸への接近が、後に大きな飛躍をもたらすとはまだ当の本人たちも知らない。

ライバル誌『ロマンス』のような高額原稿料が支払えない岩堀は、リンゴ箱と魚半分で、小糸の心を得ようとしたのかも知れない。

問題の小糸の小説『乙女の性典』が『平凡』のものになったのも、少しばかり紆余曲折があった。

『乙女の性典』はもともと松竹映画の企画であった。小説の連載は『婦人倶楽部』に持ち込まれる事に内定していたのだ。原題は『花咲く性典』というものだった。

小糸は性の小説を書くなんて気が進まないと思ってた。

岩堀は、

「良い仕事じゃないか、やってみた方がいい。『母子草』を書いた小糸先生だから良いんだよ」

と言った。

「こういう時代だからこそ大事なことだ」

とも言って、強く小糸に勧めた。

小糸もだんだんそういう気になって来た。

戦後の子供たちが「パンパン（アメリカ兵相手の売春婦）遊び」をする風景を小糸も嘆かわしく思っていたのだ。

思い切って書くことにした。

岩堀はこの話を聞いた時から、何とかこの小説を『平凡』にもらいたいものだと狙っていた。

書き終えた原稿を持って、京都の松竹映画の石田清吉プロデューサーに会いに行く小糸に強引に同行した。

小糸の小説連載を、なんとか『平凡』にもらえないかと、頼み込むためだった。

石田は難色を示した。

部数の少ない『平凡』よりは十万部発行している『婦人倶楽部』に心を残していた。

それでも岩堀が強引に食い下がるのに根負けして、条件付きで許可を出してくれた。

その条件というのが、

「大々的に宣伝をすること」

だった。

「大々的？　そんなもん出来るか分からん。何しろこっちは金がねぇんだよ」

と腹の中でうそぶいて、

「ハイハイ」

と返事をして岩堀は引き下がった。

昭和二十四年の三月号から『乙女の性典』の連載が始まった。

挿し絵は岩田専太郎に依頼した。岩田も売れっ子画家で、描いてもらうまでが大変だった。

社員の羽鳥勲は岩田の家でじっと待っていた。やっと描いてもらった、これで帰れると喜んだ瞬間、岩田は絵が気に入らないと言って絵を破いてしまう。そんな事もあった。

岩田家には絵を待つ記者が列をなしていた。挿し絵がなければ雑誌が作れない時代だった。

さて、岩堀の心配は宣伝の事である。新聞広告の効果はよく分かっていたが、何ぶんにも金がない。

岩堀は東京の街中に立看板を立てることを思いつく。


乙女の性典、松竹映画化原作小説、平凡連載

と赤い文字で書かれた立看板は人目を引いた。何よりも「性」という一文字が当時の日本人には刺激的だった。

「乙女の性」となれば刺激はもっと高まる。街角に氾濫したその一文字ゆえに宣伝効果は確実にあった。

「平凡連載」の四文字は、遠慮して小さな文字で書いてもらったのだが効果は抜群だった。

『平凡』の部数が上がり始める。岩堀は、宣伝の威力というものを思い知

るのだった。

この立看板は捨て看板と呼ばれ、制作と設置を受け持ったのが、千代田区神田のムサシノ広告社の岩崎日出夫社長だった。岩崎もまだ若くて、会社の実権は母親が握っていた。

岩堀は毎朝、早くからムサシノ広告にやってくると、自ら陣頭指揮を執った。

並べた立看板が効果がないと分かると、岩堀はさっさと自分で動かしに行く。

「これほど熱心な広告主を見た事がない」

と岩崎を唸らせるほど岩堀は動き回った。

当初『平凡』連載に難色を示した、松竹映画の石田プロデューサーは街を歩いて驚いた。『乙女の性典』の文字が大書きされて、それが林立しているのだ。

『平凡』という雑誌が、すごい勢いで伸びて行くのが感じられ、身震いしたと言う。

連載が始まると間もなく、『平凡』の部数は念願だった十万部をついに突破した。

十万部の『婦人倶楽部』を差し置いて連載を奪った手前、松竹のためにも十万部はありがたい事だった。

そしてまた、連載小説という形が次号に読者を引っ張っていく力のあることを、岩堀たちは身をもって知るのだった。

「次が読みたい」と読者に思ってもらえる小説を載せる事が何よりも重要だった。

『乙女の性典』と平行して、『お役者小僧』（子母澤寛）の連載もつづいて始まった。

読者を魅了した連載小説は完結と同時に映画という形になって、もう一度読者を楽しませることになる。

連載を終えた『乙女の性典』は、翌年の昭和二十五（一九五〇）年一月早々、松竹京都撮影所でクランクインとなる。佐田啓二、桂木洋子、月丘夢路、笠智衆等が主演した。ＧＨＱの検閲の段階で、少しばかり問題になったが映画は完成した。

映画が封を切られる日、会社の仲間も落ち着かない。映画館に走って行った若手が戻って来た。

「満員で立ち見状態だ」

と興奮している。大ヒットだった。

単行本となった『乙女の性典』もよく売れた。

『新妻の性典』『続　乙女の性典』『母の願い』『女性の声』と小糸のぶの連載は続いた。

それらの連載小説には、岩堀や清水が口を出し、

「こういうことを書いてくれ」

「筋はこうしてくれ」

など注文を出して、小糸が執筆するという具合だった。

作家にそんな注文を出して、編集側が意見を挟むということ自体あるまじき事だったが、怖いもの知らずの素人集団である岩堀らは、それを平気でやって成功させてしまった。

「アマチュアリズムの勝利」と後に言われたが、その根底にあったのは読者の意向であった。

読者の望むものを代弁して作家に伝える。そうして出来た小説が読者に受けないはずがないのだ。

それにしてもこれまでの作家というものは、そんな注文つきの小説なんか拒否するのが普通だった。

小糸はまるで『平凡』の社員ででもあるかのように『平凡』の売れ行き

を心配してくれる作家だった。

小糸の連載小説のおかげで部数は確実に増えていったが、三十万部を超えた頃に小糸は言った。

「岩堀さん、私、思うんだけどこういう雑誌は、三十万くらいがせいぜいなんじゃないの」

すると、岩堀は、

「なあに、まだまだ」

と意味ありげに笑った。

小糸にしてみれば「もう三十万部でいいじゃないの。無理することはない」という老婆心《ろうばしん》だったが、岩堀は、

「何をぬかすか。そんなもんじゃないんだよ」

と言いたかった。

岩堀たちにとって、自分たちにもよく分からない怒濤のような強風に、

後から押されているような日々だった。

美空ひばりとの出会い

試行錯誤をくり返しながら誕生した芸能雑誌が、じわじわと部数を伸ばして行く過程で、『平凡』は、またまた一人の少女歌手の出現と重なったのだ。

美空ひばりである。

岩堀は十二歳のひばりに会った瞬間、この子こそが自分たちの雑誌を救ってくれるのだと確信したのだった。その時の岩堀のカンはみごとに当った。

昭和二十四年十月号の『平凡』は竹田敏彦作『悲しき口笛』を掲載した。

それを松竹で映画化し、主題歌をコロムビアで美空ひばりに歌わせるというタイアップ企画を試みた。

『平凡』としては大事業だった。

『悲しき口笛』のストーリーは、戦争によって引き離された兄（原保美《やすみ》）と妹（美空ひばり）が、ひとつの歌『悲しき口笛』によって戦後巡り会えることになるというものだった。

それは時代の空気を良く表現していた。

戦争は肉親や知人をちりぢりにしてしまったのだ。戦後しばらくの間、行方知れずの人々が焼け野原を右往左往したのだった。NHKラジオも毎朝「尋ね人」の時間を放送し続けた。

美空ひばり（本名加藤和枝）も焼け跡の少女だった。

横浜は磯子で昭和十二年に生まれた。幼い時から歌のうまい子として近所では評判だった。

昭和十八年、父親が横須賀海兵隊に入隊する日、六歳のひばりは家の前で父のために『九段の母』を歌った。

それは、大人が舌を巻くほどみごとな歌だったそうだ。

ひばりのデビューはいつだったのかがよく話題となるが、六歳のこの日、父の出征のためにみかん箱の上に乗って歌ったこの時こそ、デビューではなかったのか。

彼女はそれほど大人たちを感動させる歌が歌えたのだ。すでに彼女は、歌う喜びと人を感動させる手応えを獲得していたのだ。もはやプロの歌い手だった。

昭和二十一年、横浜市磯子区にあったアテネ劇場で九歳のひばりは、「美空和枝」の名前で初舞台を踏んだ。加藤和枝の本名が半分だけ芸名になっている。

初舞台と言っても、ひばり自身の歌は一つもなく、一時間にわたって知っている限りの歌を歌い続けたのだ。

「なんと歌のうまい子だろう」と皆感心したが、それだけだった。それ以上の事はない。

昭和二十二年暮、ＮＨＫの素人のど自慢大会が横浜で開かれることになった。

ひばりはファンの皆に押されるようにして出場した。

『長崎物語』をみごとに歌ったといわれるが『リンゴの唄』だったという人もいる。

しかし鐘は鳴らなかった。

審査員は困っていた。

これまでの範疇《はんちゅう》を越えるうまさだったが、何分にも子供である。もう一曲と言われて、ひばりは別の曲を歌ったが同じだった。

鐘はならない。

審査の対象外として片づけられた。

「子供のくせに大人の歌を歌うこまっしゃくれたゲテモノ」

「見るだけでむなくそが悪くなる」

と詩人のサトウハチローや評論家たちも口を揃えた。子供が童謡を歌うなら可愛いが、大人の領域に入ってきて情念や色気を表現するのは、罪悪に近いものと受けとめてられた。

ひばりは歌のうまさに注目される以前のところで、拒否されてしまったのだ。

ひばりの母親は悔しがった。

ひばりは地方回りなどの営業をして、一人でも多くの人に歌を聞いてもらおうと地道な努力をしていた。

が、ひばりの時代はまだ来ない。

その頃は戦後の童謡ブームで、川田正子の『里の秋』や『みかんの花咲く丘』が流行っていた。

童謡歌手が次々とデビューし、またたくうちに彼女たちはアイドルとなって行った。

しかしひばりの力は、悪評が束《たば》になってかかって来ても抗しきれないほど強かった。

一度でも彼女の歌を聞いたものは、その魅力の虜《とりこ》になった。彼女を支援したのは、偉くもなんともない庶民たちだった。中学を出て地方から職を求めて上京した若者たちだった。

『悲しき口笛』はこの時代の空気を、実にうまくつかんだ見事な作品であった。

おそらく大まかなストーリーが映画会社の方で企画され、小説が書かれたものと思われる。

戦争が終わったばかりの混乱する東京の繁華街が舞台である。戦地に行ったきり、行方が分からず会えなくなった兄を探している、孤児の女の子がいる。

歌のうまい子で、歌を歌ってはお金を稼いで食いつなぎ、やっと路上で生きている。

繁華街にはあらゆる悪と暴力が氾濫《はんらん》しているのだが、善意も友情もまだ生きている。少女は心やさしいお姉さんに出会って、一緒に暮らすようになる。

作曲家だった兄が残して行った、たった一曲の『悲しき口笛』を、夜の酒場で少女は歌っている。少女が慕うお姉さんと知り合いになっていた兄がやってくる。

兄は、自分の作った曲を聞き、行方のわからなかった妹を見つけるというストーリーだった。

戦争直後の日本には、十二万人もの戦災孤児が家を焼かれ、家族を失い、そして路上に放り出されて、ストリートチルドレンになってさまよっていた。

そんな子供たちを浮浪児と呼んで人々は蔑んだ。

その子たちが悪いのではないことは皆良く分かっているのだが、汚れ果て荒《すさ》みきった子供たちが、万引きなどをして生きている姿を見ると、思わず視線を避けてしまうのだった。

こんな世間からも見放された少年少女たちにとって『悲しき口笛』は、身につまされる話だったし、それにハッピーエンドの結末が何よりも救いだった。

映画『悲しき口笛』が完成した時、岩堀たちは『平凡』の愛読者百名を試写会に招待する事にした。

試写会には原保美や津島恵子（お姉さん役）や美空ひばりも挨拶に立った。

ひばりの歌唱も計画されていた。

岩堀と清水は、自分たちの妻や娘たちもこの試写会に呼ぶことにした。岩堀の娘である私も、もちろん呼ばれた。私にとっても初めて見るひばりだった。

昭和二十四（一九四九）年十月二十一日の夕暮れだった。

東京の毎日ホールでは、松竹とコロムビアの協賛で『平凡』にとって初めての「愛読者招待試写会」が開かれようとしていた。雨が激しく降る夕方だった。

その頃、楽屋では一悶着《ひともんちゃく》があった。雨のために長靴で来てしまったひばりが、舞台用のエナメル靴を忘れてきた、おつきの女の子を責めていたのだった。

学業と仕事に追われる六年生のひばりは疲れてもいた。

「こんな靴では歌えない」

と駄々をこねていたのだった。

岩堀はそんなひばりに、舞台の幕を少し開けて客席を見せた。

「ひばりちゃん、集まった人たちを見てごらん。みんな君の歌をあんなに待っているんだよ」

と言った。

するとひばりは、

「うん、分かった。歌うわ」

と言って長靴のまま舞台に出ていき、何事もなかったかのように歌い上げたのだった。

「大した子だよ」

と岩堀は清水にこの話をした。

「達ちゃん、オレたちが組むのは間違いなくこの子だよ。きっとすごくなるよ。この子は」

と涙を流して言うのだった。

以後、『平凡』はさながらひばりの情報誌の様相を呈していく。

昭和二十五年四月号のグラビアは「美空ひばりちゃんの朝から夜まで」と題してひばりの私生活が写真によって伝えられている。

十二歳のひばりの稼ぎで手に入れた、横浜市磯子区の新居が映し出されている。

幸せそうな家族が団らんしている写真である。

『悲しき口笛』が封切られてまだ三ケ月しか経っていない時だ。遠い地方の町にはまだ封切りされていないところもあったのだ。

ひばりが何者であるかも知らされない間に、ひばりの新居や家庭生活を『平凡』で見せられ、多くがひばりのファンになっていった。

『悲しき口笛』は大ヒットになった。映画はひばりの名を地方にまで届けていった。

どんな小さな田舎町に行っても、ひばりの名を知らない者はいないほど有名になった。

その直後、ひばりはハワイ、ハリウッドに映画のロケを兼ねて巡業するために渡って行った。

川田晴久がひばりとともに、『東京キッド』の映画化を企画していたのだった。

当時は渡米することがステイタスであって、成功の証しはアメリカ巡業だった。

田中絹代、渡辺はま子、二葉あき子、勝太郎、霧島昇、山口淑子らが海を渡っていった。

とにかく芸能人は、渡米をしなければ話にならないのだった。アメリカから帰った田中絹代が投げキッスをしながら「日本語がうまく話せなくて」と語り、失笑を買ったのもこの頃だった。

ひばりが芸能界で一つの地位を獲得するためには、どうしても渡米する必要があった。

しかし、やっとデビューを果たしたばかりの美空ひばりには、持ち歌がない。

羽田空港に向かうわずかな時間にようやく『東京キッド』という新曲が届く。

この時ひばりは、十五分でこの歌を自分のものにした。それでもコンサートを埋めるには曲が少な過ぎる。

笠置シヅ子の一連のブギを使わせてもらいたいと許可を願い出ておいたが返事はない。

巡業先のアメリカに、作曲家の服部良一から返事が来た。

「アメリカにおいて当方の歌は絶対に歌ってはならない」という厳しい歌唱禁止令であった。服部はそうして笠置シヅ子を守ろうとしたのだが、ひばり側には厳しい返答であった。

せっかく、アメリカへ渡っても歌う歌がない。

しかし、ひばりはそんなことでは落ち込まない。古い歌だったらいくらでも歌えた。

ハワイにいた日本人たちは、ブギウギなんぞよりよっぽどそちらの方を歓迎したのだった。

『東京キッド』はひばりが歌って演じた、二本目の戦災孤児の映画だった。浮浪児のことを東京キッドと美しく表現したのは藤浦洸だった。

「歌も楽しや東京キッド」と歌い出すこの歌も大ヒットした。

「右のポッケにゃ夢がある　左のポッケにゃチューインガム」

と歌うところは特に流行った。

戦災孤児ばかりではなく、日本中の人々の応援歌になった。敗戦後の日々、みんな惨めだった。

ポッケに夢があったらどんなに幸せだろう。チューインガムと同じ重さの夢があったらどんなにいいだろう。

その後もひばりは、戦災孤児の歌を歌い続けた。『越後獅子《えちごじし》の唄』『私は街の子』『角兵衛獅子の唄』『みなしごの歌』『父母恋し』『あの丘越えて』。

すべてがみなし子の歌だった。日本中の子供たちがそれらの歌に共感するのだった。

みなし子でなくても、貧しく日々の暮らしにも困る家の子たちのなんと多かったことか。

そんな哀しみをひばりは見事に演じて見せた。

あまりにその演技が真に迫っていたので、ある孤児はひばりに手紙を書いた。

「ひばりさん、貴女は本当は孤児なんでしょう。だから私の気持ちがよく分かるのでしょう。孤児は本当に悲しいのです。とてもとても悲しいのです」

と手紙には書かれてあった。

十二万人もの戦災孤児たちはひばりの声を応援歌に、この苦難を越えていった。

敗戦に打ちひしがれた大人たちも元気を出していった。

だからこそひばりは、後の世にも言い伝えられる伝説の歌姫となっていったのだ。

昭和二十六（一九五一）年七月発売の『平凡』九月号の表紙に初めて美空ひばりが登場した。

『悲しき口笛』から一年半以上が過ぎている。いままで本誌の中にはひばりをあふれるほど扱いながら、表紙に使えなかったのは、ひばりの年齢のせいだった。

美空ひばりの人気については十二分に知り尽くしていながら、『平凡』の表紙は相変わらず山根寿子、京マチ子、高峰三枝子、津島恵子といった大女優で占められていた。

雑誌の表紙に未成年を使ってはいけないという法律は、どこにもなかったのだ。

それに気付くと思い切ってひばりの表紙を作ってしまった。ひばり自身がこの時のことをこう言っている。

平凡さんというと思い出すのは、なんといっても子供の頃に『平凡』の表紙に載ったことですね。表紙に子供が載ったのは初めてだと聞いたけど、リボンつけてね、写真撮ったのが懐かしい。

（『人間　平凡出版35年史』平凡出版）

この年、ひばり十四歳、表紙の写真はマイクの前で歌っている。大きなリボンをつけて微笑んでいる。

発行部数は六十二万部。この後ひばりが表紙に出ると、売り上げはあがるという現象を生み出して行く。

岩堀は自宅のある神奈川県の国府津《こうづ》駅前の、売店のおばちゃんにいつも言われた。

「平凡さんよ。いっそのこと毎月ひばりちゃんの表紙にしちまったらどお？」

岩堀は、

「そう出来たら、したいよ。そうもいかないのでね。おばさん」

と返した。

この毎朝会う売店のおばさんこそ、世相を知るための岩堀の大事な先生だった。

売店でマーブル飴がよく売れるのは、当時よくあった国鉄の紛争が長引いている時、組合員はマーブル飴をなめながら闘争に向かうのだとおばさんは言う。

「なるほどねぇ。賃金闘争に向かう男たちが飴をなめるのかぁ。こりゃぁ、おもしれぇや。おばさんは先生だよ。全く」と感心しきりだ。

ちなみにマーブル飴とは、口の中で色の変わる飴のことで、長持ちするので有名だった。

百万部雑誌に

吹けば飛ぶような小さな雑誌が、猛烈な勢いで部数を伸ばし始めた。

以後美空ひばりが表紙に出るだけで、『平凡』の売れ行きはうなぎ登りとなった。

『平凡』はついに百万部を突破した。

急速に成長した『平凡』の存在を見過ごすことができなくなったマスコミが、岩堀に光を当てるようになった。

「なぜ『平凡』は成功したのか」

「驚異の百万部雑誌『平凡』」

と言った扱いをされながら、一方で識者やインテリ層は眉をひそめて『平凡』を嫌った。

「こんな雑誌を若者に読ませたくない」

と良い顔をしなかった。

『平凡』の存在は、従来の道徳観からは遠いものと捉えられていたことがよく分かる。

「私は『平凡』さんと共に大きくなった」

と後年ひばり自身が語っているが、ひばりも『平凡』もまだ市民権を得ることが出来ずにいた。

海のものとも山のものとも知れない時代に泣いていた。

ＮＨＫや大手雑誌社は、ひばりという存在をゲテ物扱いして、相手にしなかった。

すでに完成している権威は未知数のものや、わけの分からないものを恐れるものである。

ともに未知数であったからこそ、『平凡』とひばりは、手を組むことが出来た。

ひばりは大スターになってからも『平凡』に対しては、絶対の信頼を寄せていた。

ひばり自身のニュース、たとえば結婚や離婚などのニュースも、「まず『平凡』さんから」と伝えてくれる。まるでそうすることが仁義であるかのように。

この頃、岩堀は娯楽というものがどれほど重要なものかを折に触れて語っている。

戦争中は楽しむことは罪悪とされた。貧農の倅であった岩堀は、子供時代も青年時代も常に労働を続けなければならなかった。

勤労こそ人間の幸福を約束するものと信じて疑わない養父のもとで、娯楽などは口にすることさえ憚られた。

よく知られた童謡の『村の鍛冶屋』にあるように、「しばしも休まず槌打つ響」こそ正しい生き方で、娯楽を罪悪視する風潮は、長く日本人を支配していた。

働くことと遊ぶことを対立してとらえるのではなく、同じ位置で考えねばならないと岩堀は言った。

戦争で疲れた人々を慰めるのは、一杯のコップ酒、一曲の歌、そして気楽な雑誌なのだと岩堀は考えた。

パチンコというものが登場した時も、やがてこれが人々を魅了し、そして長く定着するであろうことを、岩堀は予言した。

娯楽に対してあんなにも引っ込み思案であった日本人が、解放されておずおずと人生を楽しみ始めていた。

「分からない事は読者に聞け」と岩堀は言い続けた。素人集団の岩堀たちの先生は読者だった。

読者が『平凡』に何を期待し何を求めているのかを知るために、返信用のハガキを雑誌に折り込んだ。

ここまではどの雑誌もやることだ。

岩堀はもどって来たハガキのすべてに目を通そうとした。『平凡』が七十円の時、ハガキに貼る切手は二円だった。

「若い貧しい読者がどんな思いでハガキを送るのかを思えば、あだやおろそかには扱えない」

と岩堀はハガキの束を拝むように押しいただいた。そして鬼気迫る顔つきでハガキに目を通したと聞く。

しかし部数が伸びるとハガキの数も増えて、狭い編集室の廊下の本箱にはぎっしりとハガキがつまれ、膨大な数になった。

そのハガキを風呂敷につつんで、岩堀は通勤途中も電車の中で読み続けた。

そんなある日、編集室でハガキの山と格闘していた岩堀が、頓狂な声を上げておいおい泣き始めたことがあった。

彼が握りしめていたのは、岩手県の山奥の炭焼きの青年からのハガキだった。

青年はこう書いている。

自分にとってただ一つの娯楽は、仕事の合間に『平凡』を読むことです。

たったそれだけだった。

「この青年こそ、おれたちの読者だ。だから雑誌で儲けようなんて考えてはいけないんだよ」

と言いながら岩堀はポタポタ涙をこぼしていた。その場に居合わせた社員の柴崎文は、

「この人は雑誌そのものよりも、大衆運動のような事を志しているのではないか」

と感じたそうだ。

読者とともに

岩堀が、「読者のために」を会社の標語にしていたものを「読者とともに」に変更したのもこの頃のことだった。

「読者のために」の方は編集者が上に立っている感じがある。「読者とともに」はまったく一体であって、ともに考え、ともに紙面を作る。雑誌作りにとってそれは理想であった。

そんな夢のような事が出来るのだろうか。この時、岩堀は本気でやろうとしていた。

「平凡友の会」構想もそんな中から生まれた。とうとう読者のサークルを作ってしまった。

各地区で生まれた友の会は自主的に活動し、会員同士の結婚も頻繁《ひんぱん》になり、岩堀を喜ばせた。

世間を騒がせた昭和二十九年の、近江絹糸の大争議の際の女工さんたちの奮起のきっかけが、経営者の一言、「『平凡』禁止」であったという新聞記事も彼を喜ばせた。

そして百六日に及んだ長期争議で女工さんたちは、基本的人権を勝ち取ったのである。

『平凡』のグラビアは、南田洋子が争議解決後の工場を訪問して女工さんたちを祝福する様子を伝えた。

たしかにこの時期『平凡』は読者とともに生きていたことが分かる。美空ひばりが圧倒的な人気を獲得する頃、日本はようやく経済復興を成し遂げて、高度成長の道を走り始めていた。

労働力はいくらでも必要となった。

金のタマゴと呼ばれる中学卒業の子供たちが、就職列車に乗って東京をはじめ大都市へと運ばれた。わずか十五歳で都会の荒波の中に出て行かなければならなかった。

そんな少年少女たちの慰めとして、『平凡』はその存在意義を深めて行った。

その後、『平凡』は長い間、九十五円の価格を保った。

岩堀は、

「百円でおつりが来る。おつりで光（タバコ）が買える。これがうれしいんだ」

と言って無理をしてもこの定価を堅持した。

「腹いっぱい食うために」

というスローガンのもとに始まった雑誌だった。

少し余裕が出来ると、岩堀はまず社員食堂を作った。

いつでもあたたかいごはんと味噌汁があって、空腹に悩むことのないようにとの親心であった。

「君、腹は空いていませんか」

というのが岩堀の口癖だった。腹を空かした人をそのまま帰すことが出来ないのだった。

岩堀の会社の社員食堂は、無料で誰でも出入り自由だったから、これを目当てに会社を尋ねる訪問客も多かった。

作家の後藤明生は一時この会社に籍をおいたが、このほかほかのごはんを見て、「これは油断の出来ない会社だぞ」と思ったそうだ。食料難の時代にこの食物で魂を奪われるように感じたのだろうか。

「『平凡』てさ、良くラーメン屋のテーブルの上にあったよな。醤油のシミなんかあってさ」

と後年、ビートたけしがつぶやいていた。

貧しい若者たちにとってラーメンも『平凡』も身近で安価で、やさしい存在だったに違いない。

「これは金もうけではない。ロマンなんだ。夢なんだ」

と岩堀は言い続け、自らも質素な暮らしを保ち、社員にもそれを強制して来た。

しかし、政府が「もはや戦後ではない」と言い放った頃から、世の中の風が変った。

岩堀の愛する社員たちも社員食堂に飽いて、銀座のレストランに行ってみたくなる。

自分の金でたまには豪遊もしてみたい。世間ではそう言うことが当たり前になっていた。

やがて日本は戦後の経済復興をなし遂げ、人々の生活も豊かになって行く。

なぜ自分たちだけが粗衣粗食に甘んじなければならないのか。不満を抱く社員も増えて来た。金のタマゴたちももういなくなった。

雑誌『平凡』は昭和三十年（一九五五）十二月号、百三十九、五万部の頂点を極めると下降線をたどるようになった。

泥臭いとかアカ抜けないと言われた美空ひばりが、クリスチャン・ディオールのドレスで歌うようになっていた。

岩堀が大衆と呼んでいた『平凡』の読者たちは、繁栄の社会の中に姿を消した。アマチュアリズムの終焉である。

一銭五厘の旗

ぼくらはもう一度

あの焼け跡に立ってみよう
あの時
工場に一すじの煙りもなく
町に一点のネオンサインもなかった
あの時
ぼくらに住む屋根はなく
まとう衣もなく
口に入れる食物もなく
幼い子に与える乳もなかった
ぼくらには
なんの名誉もなく
なんの財産もなかった
ぼくらだけは

狂った繁栄とわかれて
そこへ戻ろう

昭和四十八年八月　花森安治

焼け跡に絶望して立っていた日本人が、短い間に狂ったような繁栄を手に入れ、物質文明の享楽に甘んじていた。

そんな日本人が花森安治は好きではなかった。何のために戦後の日々を頑張って来たのか。

空しかった。

花森は立ち止まった。これまで沈黙を守って来た戦争中の自分の来し方を語り始めた。

昭和四十四年（一九六九）、『暮しの手帖』は創刊百号を数えていた。すでに押しも押されもせぬ雑誌として、市民権を得ていた。

そんな矢先、五十八歳の花森は仕事先の京都のホテルで倒れた。心筋梗塞だった。

この時は一命を取り留めることが出来、この後、九年を生きることが出来た。

思えば走り続けの戦後だった。

花森が重い口を開いて、自らの戦争体験を語り始めるのは、この頃のことだった。

京都で倒れる前年、花森は『暮しの手帖』を一冊つぶして「戦争中の暮しの記録」を特集した。「戦争中の貴方の体験を寄せて欲しい」と全国の読者に呼びかけると、千七百編の手記が寄せられた。掲載されたのは百四十編だった。

花森は投稿文を全て読んで泣いた。

「まいった」

とうなった。戦後二十年経っても書かずにいられなかった、辛くて辛くて、忘れようにも忘れられない戦争体験が、昨日のことのように書かれていた。

その特集号の「まえがき」に花森はこう書いている。

「この日の後に生まれてくる人に」

と題して、この一冊への思いを書いている。

戦争の経過やそれを指導した人たちや大きな戦闘については、随分昔のことでもくわしく正確な記録が残されている。しかしその戦争のあいだ、ただ黙々と歯をくいしばって生きてきた人たちが何に苦しみ、何を食べ、何を着、どんな風に暮らしてきたのか、どんな風に生き延びてきたか、それについての具体的なことはどの時代のどこの戦争でも殆ど残されていない。その数すくない記録が、ここにある。

確かに戦後はあらゆる機会をとらえて、戦争体験は語られ続けた。原子爆弾、沖縄戦、空襲、南の島の玉砕、特攻隊などは映画や本になり、繰り返し人々の涙を誘った。

だが花森が斬り込んだような切り口はどこにもなかった。普通の人の普通の戦争体験が初めて語られた。

「何を食べ、何を着、どう暮らしたか」

この一冊は貴重な体験談であった。

花森が言うようにこれは実に珍しい。

例えば関ケ原の戦いの折に庶民が何を食べ、何を着ていたか。そんな記録があったたか。

こうした思い出は一片の灰のように、人たちの心の底深くに沈んでしまってどこにも残らない。いつでも戦争の記録というものはそうなのだ。とも花森は書く。

その花森が昭和四十六年十月、『一銭五厘の旗』を書いて出版した。初めて花森が戦争体験を語り始めたのだ。

星一つの二等兵のころ
教育掛かりの軍曹が突如としてどなった
貴様らの代わりは
一銭五厘で来る
軍馬は　そうはいかんぞ
聞いたとたん　あっ気にとられた

貴様らの代わりは
一銭五厘で来るぞとどなられながら
一銭五厘は戦場をくたくたになって歩いた
へとへとになって眠った
一銭五厘は　死んだ
一銭五厘はけがをした
片わになった
一銭五厘を
べつの名で言ってみようか
庶民
ぼくらだ
君らだ

花森には戦争被害者であると同時に、大政翼賛会の時は国策とは言え、戦意高揚や生産増強などで、自分が国民を意識指導したという加害者的体験があった。

花森はそれを戦後も重荷として担い続けていた。花森の『一銭五厘の旗』が出版され、話題になると、『週刊朝日』は「花森安治における一銭五厘の精神」をトップ記事にした。

花森に取材した編集部の平栗清司は質問をした。

大政翼賛会での仕事と、二等兵だった時の立場との兼ね合いについてであった。

その時、花森はこう答えている。

ボクはたしかに戦争犯罪をおかした。言い訳をさせてもらうなら、当時は何も知らなかった、だまされた。しかしそんなことで免罪されるとは思わない。これからは絶対だまされない。だまされない人たちをふやしていく。その決意と使命感に免じて過去の罪はせめて執行猶予にしてもらっているると思っている。

確かに終戦直後、大政翼賛会の存在はドイツのナチスと同類と考えられ、戦犯扱いも考えられたという。翼賛会はすでに解散していたし、ナチスとは全く規模が違うことが判明した。しかし、花森の心に受けた傷は消えることがなかった。

「国を守るということ」

と題して、花森は赤裸々な思いをつづっている。

小さいときから、なんとなく、国は守らなければならないものと思いこまされていた。なぜ守らなければならないのか、先生も親も誰も教えてくれなかったが国を守るということはわかりきった、当然のことだった。

中学生のころは『決断起って祖国の難に赴く』といった言葉に何か悲壮な美しさを感じた。大学を出るとたんに徴兵検査があって甲種合格になった。前線に持っていかれた。

あげくのはてに病気になって、傷痍軍人になって帰ってきた。

これが花森の正直な告白であり、日本中の多くの人々の共通する感慨であっただろう。

花森の『一銭五厘の旗』は読売文学賞を受賞する。同じ年、同作品がフィリピンのマグサイサイ賞を受ける。

しかし花森の真の旗は乞食旗だった。

見よ
世界ではじめての
ぼくら庶民の旗だ
ぼくら
こんどは後へひかない

花森は『暮しの手帖』研究室の屋上に、ボロ布をつなぎ合わせた乞食旗を掲げた。

これを「一銭五厘の旗」と呼んだ。

若き日に「あの旗を射て」というポスターを世に出してしまった苦い記憶を秘めながら、乞食旗は翻った。

ふたりの娘

花森安治に一人娘、藍生がいる。昭和十二年生まれで、花森が東京大学を卒業した年のことだった。妻のももよは松江一の美女と言われた女性だった。

たまたま東京駅で「松江まで一枚」と切符を買うももよに、一目惚れしてしまった。

ももよの実家は松江一の呉服問屋であった。没落した貿易商の花森の実家とはつり合わない。

花森はあの手この手でこの結婚を実現させた。

そこに生まれたのが藍生だった。

昭和十四年生まれの私とは、ほとんど同年齢だったので、良い遊び相手であったらしい。

「よく藍生ちゃんと遊んでもらった」

と母は言うのだが、あまり覚えていない。藍生ちゃんのお下がりの洋服やおもちゃを頂いたと母は言っていた。

その後接点もなく、年賀状のやり取り位の仲になってしまった二人が、再び会ったのは七十歳過ぎのおばあさんになってからの事だった。

藍生ちゃんが「父、花森安治を語る」という講演会をするという事を知り、会場の東京九段の「しょうけい館」（戦傷病者資料館）に私は駆けつけた。

藍生は美女、ももよの娘だけあって細面《ほそおもて》で楚々とした女性だった。

「これが藍生ちゃん！」

と私は何回も胸の仲でつぶやいていた。

「もっと早く会いたかった」

とも思った。

父親同士が仲良しで、小さい時に一緒に遊んだ仲なのに、花森安治という名の重さに圧倒されて私はひるんでいた。

私たちの縁が再び結ばれた時には二人の両親はすでに亡く、昔のことを聞くすべもなかった。

藍生は慶應義塾大学に進学して、ここで知り合った土井智生（もと松下政経塾塾長）と結婚している。

大学卒業後は博報堂に就職したのだが、藍生が大学を受験する時も、博報堂を受ける時もまったく父、花森は手を貸さず、本人の意思に任せたそうだ。

立派な父親のやり方ではないか。その上花森は、大学の合格発表を見に行く日に、

「落ちてたら時計を買ってやる」

と言ったそうだ。

藍生ちゃんはそう話して笑った。

大学はともかく、就職は花森のコネがあったらずいぶん楽であったろうに、藍生は自分で入社を決めたという。

この点については私の父、岩堀とは大した違いだと思った。

岩堀は私が四年制の大学に進むのに大反対だった。

「『源氏物語』なんて読めなくても良い。味噌汁を作れる女の方が良い」

と言って折角入った大学も中退させられた。

「一日も早く嫁に行け。女は若くなくては鮮度が落ちる」

と言う古い男だった。

花森家では結婚も本人任せだった。慶應の同級生だった土井智生と結ばれた。

一方岩堀の娘の私は見合い結婚だった。「もっと自己主張すれば良かった」と今頃思っている。

わからんちんの頭の古い父だったが、私の幸せを心から願ってくれた気持ちはありがたく、私なりに父を敬愛している。

女の子に対する考えは、かくも違う花森と岩堀だが、共通することも多い。

同じ頃に出版会社を興し、雑誌を世に出した二人だが、事務所を銀座にしたいという願いがあった。

大橋鎭子の自叙伝によると、花森が、

「何が何でも銀座でなければならない。これから作る雑誌は全国に売る物だから、発行所は銀座でなければならない」

と言って譲らなかったそうだ。

岩堀も自社の住所にこだわった。田舎から出てきたばかりの若い社員に万札を握らせて、「銀座で事務所を見つけてこい。銀座でなければダメだ」と言いはった。

花森の方は、鎮子の妹の晴子が丸の内に勤めていたので、昼休みと帰りの時間を使い、銀座一丁目から八丁目まで訪ね歩いて、ようやく八丁目のビルに空室を見つけ、借りられる事になった。

銀座にこだわらなければもっと楽だったと鎮子は述懐している。

一方、岩堀の方の社員は「買って来い」と言われたのだからもっと難しい。最初手頃なビルを見つけたが住所は築地だった。川一つ隔てた銀座通りの沿線上にあったが、岩堀はダメだと言う。

ようやく銀座七丁目に古い建物を見つけて買うことが出来た。「銀座にこだわらなければ、もっと条件の良い所が買えたのに」と若い社員は残念がった。

「何故そんなに銀座にこだわったの」

と岩堀にたずねた事があった。

岩堀は宣撫班として中国にいた頃、日本のニュース映画が始まる時、銀座四丁目の風景が写った。それを見ると涙があふれて、しきりに望郷の念が湧いてきた。

「銀座待ってろよ、必ずそこで何かやるからな」

と叫んでいたと言う。

花森は全国に発信する雑誌だから、銀座でなければならないと考えたそうだ。

言ってみれば二人とも田舎者で、銀座に特別な思いを抱いていたのだろうか。

もう一つ、花森と岩堀には共通点があった。

二人とも早く母親を失ったことだ。

花森の母は病床で、制服姿の花森を、「あっち向いて」「こっち向いて」

といろいろ動かして満足したそうだ。

花森の父は経済に無頓着な人だったので、母の苦労は並大抵ではなかった。

そして内職の和裁の収入で得た金で、花森の学校進学を支えてくれた。花森は可哀相だった母の生涯を忘れる事もなく、「女が幸せになる」ことを何よりの目標として雑誌作りをしていった。

一方、岩堀は私生児だったので、生まれてすぐに母と引き離された。岩堀の実母は無理矢理、後妻として嫁いでしまった。

母を失った岩堀はその事を恨み続け、一生母恋いを続けたのだった。

花森と岩堀が直接母の事を話し合ったかどうかは分からない。無言の内にも相通じるものがあったのではないだろうか。

残された人たち

花森と岩堀のさらなる共通点は、二人とも社員をこよなく愛する事だった。

岩堀は社員を「おらんち奴《め》ら」と言って家族同然の扱いをした。

「おらんち奴らが悲しむ事は絶対にしたくない。皆に幸せになってもらいたい」

と常に考えていた。

「おらんち奴ら」を悲しませるものには、こう然と立ち向かった。

花森の場合は、大橋鎮子の家族が全員で花森の仕事を理解し、一つの舟に乗ったようなものだから文字通りの家族だった。一家の温かい眼差しが

『暮しの手帖』にぬくもりを与えていた。

これは花森の一方通行ではなく、鎮子の母久子は、社員に夜食を届けたり、社員の家族が病気になると栄養のあるスープを届けたりした。

それらのレシピがそのまま『暮しの手帖』の紙面を飾ったりした。一つの家族が一つの雑誌を作る。それは日々の暮らしを豊かにする、生きる知恵でもあった。

岩堀の方は社員ばかりでなく、社員の家族も大切にして「家族デー」というシステムを作った。

その第一回は歌舞伎座で公演した美空ひばりのショーで、全ての社員の家族を招いた。

『平凡』が買ったチケットは八十枚であったそうだ。

「あなた方がいてくれるから、社員は思いっきり仕事が出来る」

その日、岩堀はそんな挨拶をした。

そして、花森の『暮しの手帖』も岩堀の『平凡』も戦後の世を順調に生きていった。

二人の男の夢は叶ったのだ。

そうなると二人は特別に会う事もなく、平然と別の道を歩いた。

時たま大政翼賛会の仲間の会合に、それぞれ出席をして旧交をあたためあった。


昭和五十三年、岩堀は突然、花森の訃報に接した。その日の夕方、岩堀は私に電話してきた。

「花ちゃんが死んじまったよ」

と泣き出しそうな声だった。

「それがな、変な葬式だったぞ。何にもないんだ、線香も坊さんもお経もない。変だった」

と岩堀は言った。

実は花森は自分の葬儀まで独創的な企画を立てていた。

「お経もいらぬ。戒名もいらぬ。『暮しの手帖』のメンバーがいつものような事務服を着て『グリーンスリーブス』を流して欲しい」

『暮しの手帖』のメンバーはその遺言をかたくなに守り、その通りにしたのだった。

「葬儀の見送りが多いほど、その人の人生は充実していた。つまり人生の通信簿だ」

と考える岩堀は常識的な田舎者だった。

「そんな事はくだらない。心の通じた者たちに見送られてあの世に旅立ちたい。虚礼《きょれい》や義理で来る者は一人もいらない」

それが花森の死に方だった。

四年後、岩堀が死んだ時、平凡出版の社員や家族が居並びその数、二千人にも及んだ。

本人が夢見たような死に方だった。

「人生の通信簿」で良い点をもらったと、岩堀は喜んで旅立ったに違いない。

お経ではなく『グリーンスリーブス』で見送られた花森の死に方。常識的な派手な葬儀を願った岩堀の死に方。どちらも思うようにいって大満足であっただろう。


しかし忘れられない事がある。

昭和五十三年に花森が没し、昭和五十七年に岩堀は死んだのだが、その間、岩堀は口癖のように、

「花ちゃんがいなくなっちゃった」

「花ちゃんがいなくちゃ面白くない」

と口を開けば言っていた。

そんなに好きなら同じ銀座に事務所があるのだから、会いに行けば良かったのにと思う。

二人は大政翼賛会の同窓会で会うだけだったようだ。

でも今頃はあの世で、

「花ちゃん」

「岩さん」

と再会を喜び、新しい雑誌の事など口角泡をとばして話し合っているだろう。

花森亡き後、『暮しの手帖』はどうなるのかと心配する声が上がったが、岩堀は、

「花ちゃんがいなくても『暮しの手帖』は大丈夫だ」

と言った。

大橋鎮子という相棒が、その後も見事に雑誌を出し続けた。

『平凡』も時代の波には勝てなかった。

売り上げが急激に下った時、社名も誌名からとった平凡出版からマガジンハウスに変わった。

そして、『ポパイ』『ダカーポ』『アン・アン』などの路線で、常に時代の先端を走って生き延びていく。

「雑誌社なんて倒産すれば電話一本残るだけだ」

と心配していた岩堀だった。

また岩堀の没年一年前から新社屋建設が計画されていたが、そのことも岩堀の心配の種だった。

「自社ビルを建てた雑誌社はみなつぶれる。おれんとこ、ほんとに大丈夫かなあ」

と心配しながら死んでいった。

それらの心配事もクリアして、マガジンハウスは創立七十周年を迎えた。岩堀や清水の後に続く者が、優秀でしっかりと時代の波を乗り越えたのだろう。

『暮しの手帖』も見事に生き続けている。人間にとって〝暮らし〟は永遠のテーマである。

焼け跡から立ち上がった二つの雑誌は、それぞれの個性を生かして生き続けていった。

あの新橋駅前の闇市で、かき氷を食べていた暑い日から、何もかもが始まったのだ。

それを見ていた大橋鎭子も、九十三歳で死去するまで現役で『暮しの手帖』を出し続けた。

花森安治の生前そのままの編集態度を少しも崩すことなく、雑誌を作り続けた。

そして、みんないなくなってしまった。

花森の娘と岩堀の娘の私は、気まぐれに電話をしては旧交をあたためている。

「お互いすごいおやじを持ったものよネ」

電話の最後はいつも同じ言葉だった。

（文中の敬称略させていただきました。）

あとがき

「花ちゃん」と「岩さん」の話はここまでである。

あの焼け野原で、

「夢だよ、ロマンだよ、ゼニカネじゃないんだ」

と叫んで雑誌を作った二人の男の猛烈な生き方に圧倒される。

私達はゼニカネを度外視して夢やロマンに生きられるだろうか。

折しもNHK朝ドラで『とと姉ちゃん』が始まった。

これは花森の年来のパートナー、大橋鎭子の自叙伝をモデルにしたドラマである。

もう少しドラマが進むと花森安治も登場する。

そればかりではなく、藍生ちゃんとその母親の美人のももよ夫人も登場するのだという。

岩堀が生きていたらなんと言うだろう。

テレビに向かって、

「おっ、花ちゃんだ。しかしこんなに良い男じゃねぇぞ」

なんて憎まれ口をきいた事だろう。

そして喜んだと思う。

大好きな花ちゃんも登場するドラマなのだ。

いまつくづく振りかえると、皆一生懸命だったなあと思う。

二人の男が残して行った一陣の風を感じながら、二人の不思議な友情を思っている。

この本のカバーに使った黄色のバラの花言葉には、友情という意味があると、北辰堂出版の今井恒雄会長が教えて下さった。

はたしてあの世で再び会った二人の男は、黄色いバラを持っているのだろうか。

二人にはバラは似合わないな、とちょっと笑ってしまった。
北辰堂出版の皆さまのおかげでこの一書が出来たことを思うと感謝の気持ちでいっぱいになる。ありがとうございました。

新井恵美子

平成二十八年五月

参考資料

「花森安治の編集室」 唐沢平吉 （晶文社）
「花森安治の仕事」 酒井寛 （朝日文庫）
「花森安治の青春」 馬場マコト （白水社）
「一銭五厘の旗」 花森安治 （暮しの手帖社）
「『暮しの手帖』とわたし」 大橋鎭子 （暮しの手帖社）
「大橋鎭子と花森安治『暮しの手帖』二人三脚物語」 塩澤実信 （北辰堂出版）
「『平凡』の時代」 坂本博志 （昭和堂）
「腹いっぱい食うために」 新井恵美子 （近代文芸社）
「マガジンハウスを創った男 岩堀喜之助」 新井恵美子 （出版ニュース社）
「美空ひばり ふたたび」 新井恵美子 （北辰堂出版）
「焼け跡から立ち上がった 10 人の男たち」 新井恵美子 （北辰堂出版）
「二人で一人の物語」 清水達夫 （出版ニュース社）
「創刊号に賭けた編集者」 塩澤実信 （メディアパル）

新井恵美子（あらい えみこ）
昭和 14 年、平凡出版（現マガジンハウス）創立者、岩堀喜之助の長女として東京に生まれ、疎開先の小田原で育つ。学習院大学文学部を結婚のため中退。日本ペンクラブ会員。日本文芸家協会会員。平成 8 年「モンテンルパの夜明け」で潮賞ノンフィクション部門賞受賞。著書に「岡倉天心物語」（神奈川新聞社）、「女たちの歌」（光文社）、「少年たちの満州」（論創社）、「美空ひばりふたたび」「七十歳からの挑戦 電力の鬼松永安左エ門」「八重の生涯」「パラオの恋 芸者久松の玉砕」「焼け跡から立ち上がった 10 人の男たち」「官兵衛の夢」「昭和の名優 100 列伝」「死刑囚の命を救った歌」（以上北辰堂出版）ほか多数。

「暮しの手帖」花森安治と「平凡」岩堀喜之助
──昭和を駆けぬけた二人の出版人

平成 28 年 6 月 25 日発行
著者 / 新井恵美子
発行者 / 今井恒雄
発行 / 北辰堂出版株式会社
〒 162-0801 東京都新宿区山吹町 364 SY ビル
TEL:03-3269-8131 FAX:03-3269-8140
http://www.hokushindo.com/
印刷製本 / 株式会社スタジオ・タック

ISBN 978-4-86427-215-5 定価はカバーに表記